27
L-n 15934.

ACADÉMIE DES JEUX FLORAUX.

ÉLOGE DE M. PECH,

Lu en Séance publique, le 13 juin 1853;

Par M. CAUBET,

UN DES QUARANTE MAINTENEURS.

Messieurs,

L'Académie, en daignant me confier l'éloge de M. le Président Pech, s'est moins préoccupée de mon insuffisance que de l'amitié qui nous unissait.

Il semble qu'elle n'ait voulu que des regrets et des émotions pour sa douleur.

La mienne sera sans cesse entretenue par des souvenirs qui, désormais, n'ont plus le temps de s'effacer....

Nous avons parcouru ensemble une longue carrière; nous nous étions promis un soutien mutuel pour de plus longs jours que nous osions espérer; nous leur avions réservé des souvenirs et des illusions qui devaient en alléger le poids....

Ces projets se sont évanouis!

La mission que j'ai reçue de vous, en me les rappelant, va faire saigner de nouveau cette plaie, fraîche encore, dont mon cœur est déchiré.

Les vôtres, Messieurs, auront aussi leurs émotions; vous aimerez à revenir sur cette vie qui vous fit une part si grande de son zèle et de son dévouement, sur cette vie dont l'éloge le plus éloquent est dans le deuil de la cité entière, dans les larmes du pauvre qui a perdu un bienfaiteur...

J'éloignerai soigneusement tout ce qui pourrait vous en distraire.

Grâce au sommeil des révolutions, je pourrai laisser à l'écart la politique et ses controverses.

Je serai tout entier aux souvenirs d'une existence honorée, calme, heureuse, et telle que chacun de nous voudrait l'obtenir ici-bas.

Hippolyte PECH naquit à Carcassonne le 15 décembre 1787, époque où se préparaient les orages qui devaient bientôt désoler la patrie.

Leur bruit lointain éveillant, sur son avenir, la sollicitude de ses parents, tout fut mis par eux en usage pour le prémunir contre les dangers que pressentait leur tendresse.

Ils confièrent ses premières études à des maîtres assez habiles, assez vertueux pour nourrir sa jeunesse de ces principes qui élèvent l'âme, réchauffent le cœur, et préparent l'homme à lutter avec avantage contre les attaques dont il est sans cesse l'objet.

Il aimait, dans nos intimes communications, à rappeler ces premières années, où l'âme reçoit les impressions les plus vives et les plus durables au milieu des ébats folâtres et des jeux les plus innocents, où les cœurs s'engagent par des liens que le temps, l'absence, l'inégalité des conditions ne parviennent jamais à rompre.

Ni sa ville natale, riche en grands souvenirs, ni cette cathédrale au style bysantin, jadis dépositaire des cendres de Simon de Montfort, ni ces riantes campagnes traversées de nombreux canaux, moteurs puissants de l'industrie, ni une famille haut placée dans l'opinion de ses compatriotes, ne purent l'emporter sur cette vocation qui l'appelait sur un plus grand théâtre, pour s'y livrer à l'étude des lois et à la culture des lettres.

Il vint à Toulouse, qui fut bientôt sa patrie adoptive.

La France était calme en ce moment; l'autorité avait repris sa force; nos armées triomphaient sur les champs de bataille. Toulouse la Sainte jouissait en paix de la solennité de ses fêtes; le jour où les reliques de ses Martyrs sont offertes à la vénération de son peuple était redevenu le plus beau de ses jours; la cité palladienne avait retrouvé ses académies, rouvert ses cours publics de philosophie, d'histoire, de belles-lettres, de droit ancien et nouveau. Notre confrère fut initié aux principes de la science des lois par des maîtres qui ne sont plus, mais dont la mémoire sera toujours chère à ceux qui furent leurs élèves.

Cette école de Droit du premier empire, rappelait celle de l'ancienne monarchie par les mœurs, l'urbanité, le nom de ceux qui la composaient.

L'un était le fils du grand Furgole, illustration de la cité, dont l'image est placée non loin de cette enceinte. L'autre était ce Jamme, dont l'éloquence fut admirée par notre Parlement, que l'Académie a compté parmi ses membres les plus distingués. Un autre encore, dont vous devinez facilement le nom, était ce Mainteneur, vieillard aimable et bon, qu'on n'oubliera jamais, qui rappelait si bien, par la gaieté de ses contes, ce que furent nos devanciers, ce que peut-être nous devrions être plus souvent nous-mêmes [1].

Leur précieux héritage a été recueilli par des suc-

---

[1] M. Ruffac.

cesseurs dignes d'eux : l'école de Droit de Toulouse est toujours l'école aux bonnes traditions, aux meilleurs principes.

Les Belles-Lettres étaient alors enseignées dans nos murs par un littérateur dont l'originalité de caractère, d'esprit, de talent, de tournure, attirait autour de sa chaire un concours nombreux d'auditeurs jeunes et vieux qui se plaisaient à ses leçons.

L'Académie se rappelle qu'en adoptant M. Carré, elle reçut en échange l'urbanité la plus douce, le jugement le plus exquis, les poésies les plus gracieuses et les plus pittoresques.

M. Pech fut l'un de ses adeptes distingués. Il enrichit sa mémoire d'une foule de traits heureux, de citations et d'anecdotes qu'il n'oublia jamais, qu'il rappelait toujours avec tant d'à propos et de grâce.

A cette époque, le vieux Parnasse était encore debout, mais ses antiques Muses étaient déjà l'objet d'insultes incessantes. On leur disait que leur marche était trop lente pour suivre le mouvement du nouveau siècle ; que leurs chants étaient surannés ; qu'on n'avait plus besoin de leurs lyres.

A ces premiers cris des novateurs, la jeunesse de nos écoles resta complétement indifférente. Docile à la voix de ses maîtres, elle sembla redoubler d'efforts pour découvrir tous les moyens qui pourraient développer davantage les bons principes dont on la nourrissait.

Ce fut sous le patronage de nos premiers magistrats qu'elle forma, au Palais de justice, cette Société de jurisprudence qui fournit depuis à la magistrature ses ministres les plus éclairés, au barreau ses orateurs les plus éloquents. Ses luttes devinrent bientôt si animées et si brillantes, ses jugements si sérieux, que plus d'une fois les plaideurs voulurent soumettre leurs causes à cette première épreuve, et que nous les avons vus se prévaloir jusque devant la Cour elle-même, des arrêts qu'ils y avaient obtenus.

M. Pech s'y fit remarquer par le charme de ses plaidoiries, par la justesse de son jugement, par la plus attachante confraternité.

Il allait chercher ses délassements dans ces sociétés d'autrefois, où le luxe ne s'était pas encore introduit pour y remplacer la simplicité la plus aimable, l'abandon le plus doux, la gaieté la plus vive et la plus convenable. L'agrément de son caractère, le piquant de ses saillies, la richesse de sa mémoire le rendaient l'âme des conversations.

Mais, malgré tous les moyens que lui offrait, pour l'étude et pour les plaisirs, sa patrie adoptive, Paris et ses merveilles le préoccupaient sans cesse. Il obtint bientôt la faveur, longtemps inespérée, de pouvoir le visiter.

Un voyage à la capitale était alors un événement dans la famille et chez les amis. Le jour du départ était un jour de tristesse, celui du retour, le plus beau jour de fête, et plusieurs suffisaient à peine pour raconter à l'auditoire attentif tout ce qu'on avait vu. Aujourd'hui, pour un voyage plus lointain encore, à peine est-il nécessaire de prendre congé; car on n'a pas le temps de s'apercevoir de votre absence. Voilà sans doute une étonnante merveille que ce rapprochement des distances les plus éloignées. La vapeur, l'électricité ont immortalisé notre siècle; mais aussi n'a-t-il pas ses déceptions? En nous apportant ces nouveautés, n'a-t-il pas déguisé avec trop d'artifice leurs défauts et leurs dangers? Les capitales se sont rapprochées, nos provinces ont disparu, Paris est partout; — aussi les capitales et Paris lui-même ont perdu leur prestige. Cette variété de mœurs, de langage, de costume, qui faisait le charme des voyages, qui donnait un si vif attrait aux souvenirs de la patrie, qu'est-elle devenue ? Cette autorité de la province, ces petits gouvernements à côté du plus grand, qui la faisaient quelque chose, ont disparu avec elle. Cette France, qui nous paraissait si vaste autrefois, ne semblera bientôt plus qu'une simple commune. Et puis, que ne pourrait-on pas dire de ces impulsions désordonnées qui poussent le cœur et les esprits sur des routes inconnues, où ils s'irritent sans cesse de ne trouver que le désenchantement et l'ennui ? Enfin, sans tant de soins et tant de courses, ne trouve-t-on pas le bonheur autour de soi, dans la famille, dans l'amitié, dans l'étude, dans les beautés de la nature ?...

C'est surtout dans l'amitié que notre confrère s'était plu à le chercher. Je le demande, en fut-il jamais de plus aimable et de plus sûre que la sienne ? Vous savez, Messieurs, tout ce qu'elle offrait de ressources pour le conseil dans les occasions difficiles, de consolation pour les chagrins, de charme pour les distractions, de sûreté pour les secrets qui lui étaient confiés, de zèle pour défendre les absents, de dévouement pour obliger. Aussi, qui pourrait se flatter de compter autant d'amis choisis et dévoués ? Il en avait dans tous les rangs, dans toutes les conditions, et tous retrouvaient en lui la même égalité d'humeur, le même abandon, la même obligeance, la même facilité à ouvrir son cœur.

Il consacra son séjour à Paris à suivre les divers cours des professeurs les plus habiles. Il pensait qu'un long apprentissage et des fondements solides étaient nécessaires au savoir ; qu'une étude légère et trop facile ne laisse que des impressions passagères qui disparaissent bientôt dans le mouvement et les plaisirs du monde. Aux heures de loisir, il allait admirer dans nos Musées les chefs-d'œuvre qui nous étaient venus des pays conquis ; il allait chercher dans les châteaux de nos anciens rois, dans leurs jardins séculaires, des souvenirs de gloire et de galanterie ; il aimait à rencontrer, dans ses promenades, ces costumes divers, ces langages plus divers encore, du nombre infini d'étrangers que le bruit de notre civilisation attirait sans cesse parmi nous. Souvent il y voyait ces princes et ces rois qui étaient venus courtiser le grand empire. Quelquefois, les belles scènes de Corneille, de Racine, de Molière, que les Talma, les Laffon, les Duchesnoi, les Fleuri, les Mars, rendaient alors avec tant de noblesse, d'élégance et de vérité, livraient son âme aux impressions les plus vives et les plus douces.

Ses jours passaient ainsi occupés à récolter partout pour alimenter son avenir, lorsqu'il apprit que la France allait être dotée d'une magistrature nouvelle qui, rappelant dans son sein les débris des anciens parlements, devait rattacher le présent au passé. Il fut compris dans l'organisation de la Cour impériale de Toulouse, en qualité de Conseiller auditeur.

En donnant ainsi ses apprentis à la magistrature, on pensait qu'élevés dans le sanctuaire, à l'ombre des vertus et de l'expérience d'anciens maîtres, ils vaudraient mieux pour la justice. Plus tard on ne voulut plus de cette institution nouvelle, qui semblait rappeler l'hérédité des charges dans la famille.

La voix de M. Pech eut bientôt un poids considérable dans les discussions des grandes causes ; les rapports dont il était souvent chargé se firent remarquer par leur précision et leur clarté.

Ces premiers et utiles services ne tardèrent pas à trouver leur récompense dans la charge de Conseiller. Pour s'élever à la hauteur de ce sacerdoce, il se livra aux méditations les plus sérieuses, à l'observation la plus sévère de ces convenances qui assurent au magistrat le respect pour ses arrêts, la considération pour sa personne. Il savait combien sont terribles pour la conscience ces moments solennels où elle va prononcer sur la fortune, la vie, l'honneur des citoyens; combien d'obstacles il faut vaincre pour la défendre contre ces préventions qui viennent l'assaillir sous des formes si diverses et si ingénieuses, afin de la séduire et de l'égarer.

Les Cours d'assises avaient remplacé les Tribunaux criminels. La justice offrit ainsi sa part de mouvement et de nouveauté au XIXe siècle. Elle présenta aux regards surpris cette association inaccoutumée de ministres inamovibles, revêtus de la toge, choisis par le pouvoir, qui doivent être esclaves de la loi, et d'autres ministres plus nombreux, produits par le sort, dont la mission ne doit durer qu'un jour, souvent quelques heures, dont les manières sont simples, quelquefois agrestes, et qui ne doivent relever que de leur conscience. Dans ce nouvel ordre de choses, les luttes entre l'accusation et la défense pour s'emparer tour à tour de ces cœurs neufs et impressionnables, impriment aux débats judiciaires une animation dramatique qui saisit, électrise le spectateur, et le pousse quelquefois à l'inconvenance de l'applaudissement ou du blâme. Aussi, combien est difficile la tâche du magistrat chargé de les diriger!

M. Pech sut la remplir avec une telle supériorité de talent, que l'opinion publique le plaça bientôt au nombre des Présidents d'assises les plus remarquables. Quel autre mieux que lui savait rétablir le calme et la lumière dans les cœurs étonnés, émus, égarés, de ces hommes dont les seules inspirations doivent motiver la décision qu'ils vont rendre? Quel autre, aux jours d'émeute, avait une voix plus ferme et plus courageuse pour imposer silence aux partis ? Quel autre surtout sut faire à chacun la part de justice et d'humanité avec plus de délicatesse, de bienveillance et d'impartialité ?

Dans les chefs-lieux de département, il était toujours le bien venu; leurs Magistrats étaient heureux de ses relations faciles, qui tempéraient la dignité de sa position, et jamais ils ne se séparaient de lui sans être charmés de son obligeance et de l'agrément de son esprit.

Vous le savez, Messieurs, il se délassait des études sérieuses par l'agrément des travaux de l'imagination; il aimait nos exercices littéraires ; il enviait les couronnes de mai, remportées par les vainqueurs de nos Jeux. Aussi voulut-il entrer dans l'arène le jour où l'Académie, jalouse d'honorer un courageux dévouement, une grande éloquence, un beau caractère, proposa l'éloge de notre Cazalès. Il peignit à grands traits ce mâle courage avertissant la patrie des dangers dont elle était menacée, lui dénonçant, du haut de la tribune, en présence des poignards, tous ceux qui en étaient les auteurs, cherchant à l'effrayer par la vue du précipice où elle était poussée. Il combattit, enfin, avec des armes si supérieures, qu'il sortit victorieux du champ clos, et reçut une de vos couronnes.

L'Académie, dès ce moment, l'adopta dans sa pensée; elle savait d'ailleurs combien les goûts et les principes de M. Pech étaient en harmonie avec les sentiments qui l'animaient elle-même. La mort de M. Serres de Colombars vous permit bientôt de lui donner son fauteuil.

Le jour où il fut appelé à l'occuper, il promit de se conduire en loyal et gai Mainteneur, c'est-à-dire, de maintenir dans toute leur intégrité ces traditions du *Gai savoir* qu'inaugurèrent nos Troubadours, en présence des Fleurs, au bruit des lyres et des chants les plus harmonieux.

Il semblerait que de tels législateurs ne pouvaient produire qu'une œuvre passagère ; — cependant elle a traversé les siècles et les révolutions, sans leur payer son passage par le tribut le plus léger.

Les chartes, les constitutions des empires, ont été tour à tour détruites, renouvelées, modifiées ; — les lois du *Gai savoir* sont venues jusqu'à nous avec leurs Fleurs, leurs illusions, leurs enchantements. Pendant que l'on recherche avec tant d'avidité l'or et les jouissances, la plus simple de ces Fleurs vaut encore à nos Lauréats la plus précieuse richesse. Pendant que de toute part on s'agite, on se presse, on s'irrite, on se hait, ceux qui suivent ces lois cherchent à se communiquer les trésors de leur pensée dans la familiarité la plus intime. Pendant que les années pèsent à tant d'autres, que leur vie s'isole et se désenchante, nos octogénaires chantent toujours !... On trouve plus de vigueur dans les scènes dramatiques des Latresne, — plus d'animation et de délicatesse dans les poésies des Mazoyer, — d'amabilité et de sel dans les Épîtres des Limairac, — d'élévation dans les Odes des d'Aguilar, — de gaieté dans les Contes des Rufat, que dans les œuvres de leurs plus jeunes confrères. Il était, il y a peu de jours encore, un de nos alliés, un centenaire épris d'Isaure, qui chantait son amour en vers brûlants comme au jeune âge. Hélas ! au moment où j'écrivais ces lignes, la mort frappait M. Boyer, Président honoraire à la Cour de cassation. Ce compatriote aimable n'oublia jamais sa première patrie ; il était heureux de ses illustrations ; il voulut donner un gage de son dévouement en dotant notre brillante corbeille de la Fleur modeste enviée par nos fabulistes.

M. Pech se fit un devoir de tenir tout ce qu'il avait promis à l'Académie ; il remplit avec zèle la tâche qui lui était imposée ; nos Recueils renferment plusieurs de ses ouvrages qui se font remarquer par la pureté du style, l'élévation des pensées, la délicatesse des sentiments. Il était tour à tour indulgent et sévère dans les jugements de nos Jeux. Ses appréciations étaient pleines de goût et de justesse. Il avait, dans ses rapports avec ses confrères, cet abandon, cette bienveillance qui font le charme des sociétés littéraires. Il se montra peintre habile, ami dévoué, dans l'éloge de M. le Président d'Aldéguier, ce dernier type de la dignité de nos anciens parlementaires, de notre vieille et regrettable politesse française. Il est un trait, dans cet ouvrage, qui honore trop le cœur de M. Pech, qui eut un trop grand retentissement dans cette enceinte, pour ne pas être rappelé :

A l'occasion des services rendus par M. le Président d'Aldéguier au Conseil municipal de cette ville, et de l'élection de M. de Montbel à ce même Conseil, M. Pech s'écria avec la plus touchante émotion (c'était en 1844) : « Toulouse acquittait une dette sacrée
» en choisissant M. de Montbel pour son représentant;
» elle devait trop à son dévouement, à la sagesse de
» son administration ; et si la politique commanda
» l'exil, laissez-moi vous dire que la terre d'exil est
» foulée par un honnête homme. »

L'éloge de l'infortuné Louis XVI, que notre confrère avait composé pour une autre Académie, est empreint de ces sentiments douloureux dont le cœur est déchiré, de ces souvenirs qu'on rougit de voir gravés dans notre histoire, qu'on regrette de ne pouvoir effacer.

Une existence aussi douce, aussi variée, aurait semblé devoir suffire à son bonheur ; cependant il sentait que l'amitié, l'étude, les plaisirs, laissaient encore un vide ; — il voulut se donner une compagne :

Il sut la trouver avec ces charmes, ces qualités aimables qui assurent le bonheur domestique.

Le père de Mme Pech avait appartenu à l'école de Droit de Paris. Ses savantes opinions sur nos formes judiciaires sont citées avec avantage devant nos tribunaux. L'un de ses fils comptait dans nos armées avec un grade supérieur ; l'autre, magistrat dans une Cour souveraine, se fait distinguer par son savoir et son amabilité ; les vertus, la piété du troisième l'ont placé à la tête d'un grand séminaire. Ces positions diverses, toutes si convenables, ces qualités précieuses étaient l'ouvrage d'une mère dont la tendresse intelligente, active, a reçu pour récompense l'amour et les larmes de ses enfants.

Cette union ouvrit à notre confrère l'entrée dans la famille du grand Furgole, à laquelle appartenait sa digne compagne. La mort du petit-fils de ce Jurisconsulte célèbre lui donna la facilité d'acquérir et d'habiter sa maison. Une simple muraille la sépare de la mienne ; nos tables de travail étaient adossées l'une à l'autre ; nous entendions, pour ainsi dire, nos plumes sillonner le papier. Privé de la plus ineffable des douceurs de l'hymen, M. Pech reportait sur ses parents cette tendresse qui ne devait pas leur revenir tout entière. On les voyait empressés autour de ce centre commun pour y trouver le reflet d'une position dont leur amour-propre était flatté.

Après avoir rempli pendant plusieurs années les fonctions de Conseiller, il fut nommé Président de chambre à la Cour impériale. Il dut à cette nouvelle faveur un témoignage d'estime et d'amitié qu'il ne rappela jamais sans émotion et sans orgueil : au milieu des voix qui s'élevèrent pour le féliciter, on entendit celle de M. le premier Président Hocquart, proférant ces touchantes paroles du vieux Prophète : *Nunc dimittis servum tuum , Domine , secundùm verbum tuum, in pace.* Cet élan du cœur le plus affectueux vous donne la mesure des sentiments que notre confrère avait su lui inspirer. Après la mort de ce chef vénéré , de ce vieillard dont l'esprit, la grâce , la bonté ne vieillirent jamais, que pleureront toujours ceux qui ont eu le bonheur de le connaître, M. Pech reçut pour gage de son dernier souvenir un des ouvrages les plus considérables de sa riche bibliothèque.

Notre confrère avait compris que sa nouvelle dignité lui imposait de plus grands devoirs, une responsabilité plus difficile. Ses efforts redoublèrent, et ses arrêts furent marqués au coin de la justice la plus éclairée, la plus exacte. Celui qu'il prononça dans la grande cause du canal du Midi contre l'Etat, est empreint dans ses motifs d'une telle sagesse, qu'il fera vivre son nom dans nos annales judiciaires.

Il s'étudiait sans cesse à dissimuler à ses collègues l'autorité de sa nouvelle position, pour ne se montrer que leur ami ; il ne s'en servait que pour rendre la justice plus prompte, et pour lui enlever tout ce qu'elle peut avoir de triste dans les formes; il était facile avec les gens d'affaires, bienveillant avec les plaideurs ; heureux de pouvoir accueillir une demande, malheureux d'avoir à exprimer un refus.

Il vivait ainsi entouré de la considération publique, de l'affection de ses parents, de l'amitié de ses collègues; il remplissait en ce moment, *avec trop de préoccupation peut-être !...* les devoirs si délicats que lui imposait le concours universitaire dont il était l'un des juges; quand sa santé, jusqu'alors si brillante, fut atteinte d'un coup affreux que rien n'avait annoncé. Je ne chercherai pas à peindre tout ce que cet événement produisit de craintes pour ses résultats. On croyait cette belle existence brisée, ou du moins tellement affaiblie, qu'elle pourrait à peine suffire à sa famille et à ses amis. C'est à ce moment que se réveillèrent en lui, dans toute leur énergie, ces sentiments religieux qui avaient eu une si grande influence sur toutes les actions de sa vie; et, loin de murmurer et de se plaindre, il bénit la main qui le frappait. Cette résignation, l'énergie de la tendresse de sa femme, les soins empressés de ses amis, ranimèrent peu à peu cette vie presque éteinte; bientôt elle lui est rendue tout entière; il peut reprendre le cours de ses travaux, et rendre à ses réunions intimes son amabilité accoutumée. Là, il n'était plus Président, maître de céans : « Vous êtes chez vous, ici », tel était le premier mot de son accueil. Il ne pouvait comprendre qu'un serrement de main pût suffire à l'expression de tous les sentiments, et qu'on n'en distinguât la différence que par une pression plus ou moins forte. Cependant il respectait l'usage de cette importation nouvelle, sans lui sacrifier tout ce qu'avaient de gracieux et d'attachant les formes de notre ancienne politesse. Cet esprit, si grave au palais, se communiquait, dans l'intimité, avec l'abandon le plus aimable; il avait le tact le plus délicat pour s'accommoder et se proportionner à tous, pour parler à chacun son langage; il plaisantait avec grâce; sa manière de conter intéressait par son originalité; ses saillies étaient heureuses, ses reparties promptes et spirituelles; sa gaieté était douce, attachante; ses ménagements pour l'amour-propre le préoccupaient sans cesse, et chacun en le quittant était charmé des marques d'intérêt et de bienveillance dont il avait été l'objet.

Lorsque le printemps revenait, le jardin remplaçait le salon. Il doit m'être permis de vous en ouvrir la porte, de vous conduire à l'ombre de ses berceaux : c'est moi qui les ai plantés. Là, chaque année, à pareil jour, tous les enfants des amis avaient leur rendez-vous sur les gazons, pour y folâtrer, et user, sans discrétion, des fruits de ses arbres; là, le soir, on était tout aux fleurs, aux causeries intimes, à l'enjouement le plus convenable; et toujours on se séparait en engageant son lendemain.

Lorsque les vacances appelaient les magistrats à la campagne, notre confrère se rendait à sa maison des champs. Ce lieu solitaire, sans ruisseau, sans ombrage, n'ayant qu'un beau ciel et de beaux horizons, s'animait et devenait riant, à l'arrivée du maître. De toute part, dans la contrée, accouraient, pour le fêter, les parents, les amis, les voisins. Pendant son séjour, le pauvre oubliait sa misère, l'ouvrier retrouvait, dans un meilleur salaire, l'abondance pour sa famille. Les voisins divisés entre eux le choisissaient pour arbitre. Fallait-il faciliter un mariage convenable, il concourait à la dot. Quand le fermier venait acquitter son terme, il lui disait : « Vous oubliez de me parler » du mauvais temps qui a gâté vos récoltes; c'est à » moi de m'en souvenir; réduisez votre dette. »

Que de traits encore ne pourrais-je pas rappeler, tant ce cœur était fécond en bienfaits!

Cette année, il revenait à la ville, heureux du bonheur qu'il venait de répandre autour de lui, se flattant d'une santé meilleure, se promettant des jours plus longs, plus gais encore, pour l'hiver qui nous arrivait; lorsqu'un nouveau coup vint le frapper. Il comprit que c'était le dernier : sa résignation fut entière; son âme se détacha de la terre pour être toute à Dieu; ses visites dans le lieu saint devinrent plus fréquentes. Les secours qui lui furent prodigués donnèrent pendant plusieurs jours l'espoir de le conserver; on parlait de sa rentrée au palais. Un soir, au milieu de sa société accoutumée, sa gaieté fut plus animée, sa tendresse plus vive, ses saillies plus piquantes. Sa retraite dans sa chambre fut précédée d'un gracieux rendez-vous pour le lendemain.

Le lendemain, le prêtre lui demandait un dernier sacrifice !..

Mme Pech, trompée par sa tendresse, ne peut croire au malheur dont elle vient d'être frappée. A ses cris accourent les parents, les amis. Avec eux marchait, encore plus empressé, M. Piou, ce chef de la Cour que la magistrature tout entière, la famille du magistrat, la cité elle-même sont assurés de retrouver dans leurs jours difficiles, avec son dévouement, son énergie, sa détermination prompte et sage.

Et tous rivalisaient de zèle pour découvrir quelques restes de vie dans ce corps, dont les derniers mouvements trompaient l'espoir de tous les cœurs.....

La Providence avait prononcé ! cette noble intelligence venait de s'éteindre, et cette âme pure était remontée à son auteur !...

Vous, Monsieur (1), qui êtes appelé à recueillir ce bel héritage, auquel des travaux littéraires appréciés par l'Académie vous ont donné des droits, vous pourrez adoucir, par le charme de vos qualités, les regrets que nous laisse un si digne confrère; vous ne sauriez le faire oublier à ceux qui ont eu le bonheur de le connaître.

---

(1) M. de Belcastel.

TOULOUSE, IMPRIMERIE DE J.-M. DOULADOURE.

www.ingramcontent.com/pod-product-compliance
Lightning Source LLC
Chambersburg PA
CBHW061520040426
42450CB00008B/1708